L'ANGLOMANE,

O U

L'ORPHELINE LÉGUÉE,

C O M É D I E

EN UN ACTE ET EN VERS LIBRES,

Par M. S A U R I N de l'Académie Françoife:

Repréfentée devant Sa Majefté, à Fontainebleau, le Jeudi 5 Novembre 1772, par fes Comédiens Fran-
çois ordinaires; & à Paris, le Lundi 23 du même
mois.

Suivie d'une Épître à un jeune Poëte qui veut renoncer aux Mufes.

Le prix eft de 24 fols.

A P A R I S,

Chez la Veuve Duchesne, Libraire, rue Saint-Jacques,
au-deffous de la Fontaine S.-Benoît, au Temple du Goût.

M. DCC. LXXIII.
Avec Approbation & Privilége du Roi.

AVERTISSEMENT.

CEtte Piece est la même qui a été donnée en 1765, sous le titre de l'*Orpheline léguée* : elle étoit en trois Actes, je l'ai mise en un : il ne m'a fallu, pour cela, que retrancher plusieurs Scenes dont l'effet avoit été médiocre, & qui retardoient la marche de l'action : je la crois, actuellement, plus vive & plus rapide : j'ai, d'ailleurs, retouché le Dialogue & je l'ai resserré ; en un mot, j'ai tâché de donner à l'Ouvrage le degré de valeur auquel de foibles talens me permettent d'atteindre.

Je ne sais si j'ai besoin de dire que dans cette Comédie je n'ai pas prétendu jetter du ridicule sur les Écrivains illustres qu'a produit l'Angleterre. Je les admire & je les respecte : je n'ai voulu attaquer que cet enthousiasme aveugle de nos *Anglomanes*, que cette espece de culte qu'ils rendent aux Auteurs Anglois, peut-être moins pour les exalter, que pour rabaisser les nôtres. Ce travers prend sa source dans la jalousie secrette qu'on porte aux hommes célébres de sa Nation, jalousie qu'on ne s'avoue pas, mais qui n'en est pas moins réelle. Les grands Hommes étrangers ne font pas ombrage à notre petitesse, ils ne brillent point à nos yeux d'un éclat qui nous importune ; & en nous établissant juges entre eux & les grands Hommes de notre Nation, nous croyons partager, en quelque sorte avec les premiers, la supériorité que nous leur accordons sur les autres. Je n'en dirai pas d'avantage ; mais que chacun descende en lui-même, qu'il s'interroge & confesse s'il n'en coûte pas moins à son cœur pour admirer en Étranger, que pour rendre justice à un Compatriote.

Shakespear, sur qui je me suis permis quelques plaisanteries dans cette Piece, étoit, assurément, un génie du premier ordre ; mais on ne peut nier, qu'à côté des beautés les plus fublimes, on ne trouve, dans fes Ouvrages, les plus monftrueufes abfurdités : les beautés font à lui, les défauts font à fon fiecle ; je le veux : mais qu'on reconnoiffe, au moins, que ce font des défauts, & qu'on ne réponde pas ce que M. Dacier répondoit fur les défauts d'Homere les plus marqués : *cela n'eft que divin.*

On a joint à cette petite Comédie une Épître qui a été lue dans l'Académie Françoife, à l'affemblée de la Saint-Louis derniere.

A MA FEMME.

Ea fola voluptas,
Solamenque mali.

O ma tendre amie ! ô ma femme !...
Gens du bon ton diroient, *Madame.*
Gens du bon ton, fouvent font des époux bien froids.
Ma femme, donc ;—reçois l'hommage
D'un mari dont le cœur gaulois
Ne s'eft point foumis à l'ufage,
Et de foi feul a pris des loix,
En te dédiant fon Ouvrage.
Mais cet Ouvrage, il eft ton bien :
Ton goût, qui fert de regle au mien,
Eft noble & pur comme ton ame ;
Et mon foible génie, infpiré par le tien,
Trouve dans l'objet qui m'enflame
Ma récompenfe & mon foutien.
D'un trop fuperbe efpoir, autrefois animée,

Ma Mufe defiroit, pour prix de fes travaux,
    Quelque peu de cette fumée,
Aliment du Poëte ainfi que du Héros.
D'un vain bruit aujourd'hui, mon ame eft peu charmée.
Et dans la lice encor, fi l'on me voit courir,
    Si des palmes de la Victoire,
Les rides de mon front cherchent à fe couvrir,
C'eft pour vivre en ton cœur, & non dans la mémoire.
Te plaire eft déformais mon unique defir,
    Et je ne voudrois de la gloire
    Que pour avoir à te l'offrir.
    Mon cœur te doit fon nouvel être :
D'une nuit de douleur long-temps enveloppé,
    J'ai vu mes beaux ans difparoître ;
Et dans cet âge où l'homme, hélas ! trop détrompé,
Regrette, avec l'efpoir, le bonheur échappé,
    C'eft toi qui me l'a fait connoître.
Des fleurs de ton printemps, tu femes mon déclin,
    Et tu rends le foir de ma vie
    Mille fois plus digne d'envie
    Que ne fut jamais fon matin.

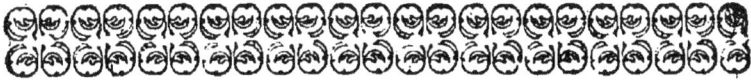

PERSONNAGES.

ÉRASTE, Anglomane.   *M. Préville.*

DAMIS, Amant de Sophie.   *M. Molé.*

LISIMON, Ami d'Éraſte.   *M. Briſard.*

BÉLISE, Sœur d'Éraſte.   *Mme. Drouin.*

SOPHIE, jeune parente d'Éraſte.   *Mlle. Doligni.*

FINETTE, Suivante.   *Mlle. Fannier.*

L'OLIVE.   *M. Feuilli.*

La Scene eſt dans un Sallon de la Maiſon de Campagne d'Eraſte.

L'ANGLOMANE,

O U

L'ORPHELINE LÉGUÉE.

COMÉDIE.

SCÈNE PREMIERE.

DAMIS, *en habit à l'Angloise, avec une petite perruque ronde;* FINETTE, *avec un petit chapeau à l'Angloise.*

FINETTE.

C'Est vous, Monfieur Damis?

DAMIS.

Chut! Blacmore eft mon nom:
De plus, Anglois, fouviens t'en.

FINETTE.

Bon:
De ce déguifement que faut-il que j'augure?

DAMIS.

Tu le fauras; mais par quelle aventure

A iv

Te rencontré-je en ce logis?
Lorfque je quittai ce pays,
Pour faire un tour en Angleterre,
Chez la Marquife d'Enneterre,
Tu fervois.

FINETTE.

Il eft vrai; mais avec de gros biens,
Prodigue par caprice, avare par nature,
Elle eft impérieufe & dure;
Ne hait que fon époux, & n'aime que fes chiens.
Que fans ceffe pour eux il fût maltraité; paffe,
C'eft un mari; mais moi, j'en devins bien-tôt laffe.
Un beau jour je quittai Madame & fes gredins.
Enfin, je fers ici.

DAMIS.

Tant mieux : pour mes deffeins
Je t'y trouve à propos. Finette eft mon amie,
Et n'a pas oublié que je fuis libéral.

FINETTE.

Oh! j'oublierois mon nom : chez moi c'eft maladie.

DAMIS, *lui donnant une bague.*

Ceci t'en guérira : prends.

FINETTE, *confidérant la bague.*

La bague eft jolie.

(*Elle la met à fon doigt en faifant la révérence.*)

On ne refufe pas le remede à fon mal.
Çà, pour bien m'acquitter, Monfieur, que faut-il faire?

DAMIS.

Me mettre au fait d'Érafte & de fon caractere;
Je n'en fuis inftruit qu'à demi.

FINETTE.

Votre Oncle; cependant, eft fon meilleur ami.

DAMIS.

S'il faut qu'Érafte à Lifimon reffemble,

C'eſt un Philoſophe parfait.
Mais lorſque l'amité les a liés enſemble
J'étois abſent.

FINETTE.

Votre Oncle eſt un ſage, en effet,
(S'il eſt pourtant permis à quelqu'homme de l'être.)
Éraſte l'eſt bien moins qu'il ne le veut paroître.
Un trait, pourtant, lui fait honneur.

DAMIS.

Quel trait?

FINETTE.

Il ſuffit ſeul pour vous peindre ſon cœur.
Sophie...

(*Elle s'arrête & regarde Damis.*)

DAMIS, *vivement.*

Eh bien! acheve donc : Sophie....

FINETTE.

Oh! oh! quel feu! Je gagerois ma vie....

DAMIS.

Ne gage point, & finis promptement.
Tu diſois que Sophie....

FINETTE.

Eut pour pere Pirante
Ami d'Éraſte, & ſon parent;
Que d'une fortune brillante
Privé par un maudit procès,
Il ſoutint, d'une ame conſtante,
Ce revers, que ſa mort ſuivit pourtant de près.
Sophie étoit lors en bas âge,
Et ſon pere, pour héritage,
N'avoit à lui laiſſer qu'un fond très décrié,
L'amitié d'un parent. Qui s'y feroit fié?

DAMIS.

Tout cœur honnête.

L'ANGLOMANE,

FINETTE.

Eh! bien , Pyrante ofa le faire;
Et par un Teftament d'efpece finguliere....

DAMIS.

Qu'ordonne-t-il?

FINETTE.

Vous allez voir :
Ma chere enfant , dit-il, va demeurer fans pere;
Elle eft l'unique bien qui foit en mon pouvoir.
Du don de la nourrir, élever & pourvoir,
Je fais mon ami Légataire.

DAMIS.

Que cet acte eft touchant! il honore à jamais
L'ami capable de le faire,
Et l'ami digne d'un tel legs.

FINETTE.

Érafte l'accepta fans y mettre de fafte :
Un Couvent eft l'afyle où des foins affidus
Ont formé Sophie aux vertus.
Elle comptoit feize ans, quand une fœur d'Érafte...

DAMIS.

Quelle eft cette fœur ?

FINETTE.

Entre nous,
C'eft un compofé rare, & qui par fois allie
Un bon fens étonnant à beaucoup de folie :
Veuve, graces au ciel, de fon troifieme époux,
Elle vint demeurer au logis de fon frere.
Notre Orpheline alors quitta fon Monaftere;
Un an depuis s'eft écoulé :
En forte que tout calculé,
La pauvre enfant eft affligée
De dix-fept ans, & partagée
De tréfors qui s'en vont croiffant
Chaque jour, & s'embelliffant.

DAMIS.

Ah! Finette, qu'elle eſt charmante!
Au Couvent où Sophie a d'abord demeuré,
Habite une mienne parente
Qu'y vient voir, quelquefois, cet objet adoré.

FINETTE.

C'eſt donc là que Sophie, offerte à votre vue....

DAMIS.

C'eſt là que pour jamais j'ai fait vœu de l'aimer.

FINETTE.

Comment s'en empêcher?

DAMIS.

Sa beauté t'eſt connue.

FINETTE.

Et je fais que votre âge eſt prompt à s'enflammer.

DAMIS.

Mais n'avoueras-tu pas qu'un charme inexprimable....

FINETTE.

Vous l'aimez, Monſieur, tout eſt dit. ...
Comme ſa propre fille, Éraſte la chérit,
Et c'eſt à cet égard un homme incomparable.

DAMIS.

Je le trouve très-reſpectable.

FINETTE.

C'eſt-là ſon beau côté; mais voyez le revers:
Il s'eſt fait ſingulier pour être Philoſophe:
C'eſt la ſource de cent travers,
Qui, de tout le public, lui valent l'apoſtrophe
Du plus grand fou de l'Univers.
Placé dans la Magiſtrature,
Où l'on vante à bon droit, ſon ſavoir, ſa droiture,
Il faut bien qu'à la Ville il en porte l'habit;
Mais dans cette campagne, où d'ordinaire il vit,

On s'habille, on fe coeffe & l'on *tofte* à l'Anglaife.
(J'eftropiai long-temps ce mot encor nouveau.)
A fon œil prévenu, fans un petit chapeau,
　　Il n'eft point de femme qui plaife.

DAMIS.

Je trouve qu'en effet il te fied affez bien;
Mais je crois qu'à Sophie....

FINETTE.

　　　　　　Oh! fans doute... Il n'eft rien
　　Qui d'Érafte obtienne l'eftime,
Si, venu d'Angleterre, il n'en porte le fceau :
　　Chez ce peuple tout eft fublime,
Et chez nous il n'eft rien d'utile ni de beau.

DAMIS.

C'eft une nation eftimable.

FINETTE.

　　　　　　Sans doute :
Mais, exclufivement, la vouloir eftimer !
Tout admirer chez elle, & chez nous tout blâmer !
Soutenir qu'autre part perfonne ne voit goutte!

DAMIS.

　　　　C'eft fort mal fait : à mon avis,
Tout peuple a fes défauts, & tout peuple a fon prix;
Mais à de préjugés, s'il faut que l'on fe livre,
　　Par préférence un Citoyen doit fuivre
Ceux qui lui font aimer fon Prince & fon Pays.

FINETTE.

Avec mille vertus il a cette manie.
　　Ne prétend-il pas que Sophie
　　Apprenne inceffamment l'Anglais ?

DAMIS.

Tu vois fon maître.

FINETTE.
　　Vous?

DAMIS.
　　　　　Te voilà bien furprife?

Aux Belles, je le fais, vous parlez bon François;
Mais, l'Anglois?

DAMIS.

Je l'ignore.

FINETTE.

Eh! comment donc?...

DAMIS.

Sottise!

Enseigner ce qu'on ne fait pas,
Est-ce chose, dis-moi, si rare dans le monde?
Que de gens à Paris bien vetus, gros & gras,
Dont, sur ce beau secret, la cuisine se fonde!

FINETTE.

Érafte, cependant.....

DAMIS.

Des Anglois il fait cas;
Mais je fais que pour lui leur langue est de l'Arabe,
Il n'en fait pas une syllabe:
Moi, j'en puis écorcher quelques mots au besoin.

(Il contrefait l'accent Anglois.)

Odi do; Miss, Kismi.

FINETTE.

Ce mot a de quoi plaire.

DAMIS, *voulant l'embrasser.*

Il faut te l'expliquer.

FINETTE.

Épargnez-vous ce soin.

DAMIS.

Je suis muni d'une Grammaire:
Londres fut un temps mon séjour;
Et puis j'aurai pour moi la Fortune & l'Amour.

FINETTE.

L'Amour! vraiment Érafte en condamne l'usage!

Avec ce regard tendre, & ce joli vifage.
   (Jugez combien cette homme eft fou!)
De fa jeune Pupille il prétend faire un fage,
   Qui, renonçant au mariage,
   Dans fa retraite de Hibou,
Perde à philofopher le plus beau de fon âge,
Et prenne, au lieu d'amour, de l'ennui tout fon foûl.

DAMIS.

Il faut m'aider à rompre un projet fi blâmable.

FINETTE.

Mais Sophie, à vos vœux, eft elle favorable?

DAMIS.

   Mon amour n'a point éclaté:
   Mes regards feuls ont déclaré ma flame;
Je croirois cependant avoir touché fon ame,
   Si fes yeux ne m'ont pas flatté.

FINETTE.

   De fon cœur ils font la peinture,
La naïve Sophie, en fa fimplicité,
   Eft une glace encor pure,
   Que réflechit la Nature
   Dans toute fa vérité.

DAMIS.

   Mais, j'ai pu me tromper moi-même;
Sophie ignore encore à quel excès je l'aime;
   Et cet amour fait tout mon prix.

FINETTE.

Si modefte à vingt ans, tandis qu'en cheveux gris,
   Il eft tant de fats honoraires!
Vous êtes un Phénix, & l'on ne voit plus gueres....
   Mais Frafte s'avance, adieu.
Il eft trés-important de prévenir Sophie.
Je m'en charge.

DAMIS.

   A tes foins mon amour fe confie.

SCENE II. *

DAMIS; ÉRASTE, *vêtu à l'Angloise.*

ÉRASTE.

Pardonnez-moi, si, dans ce lieu,
Je me suis un peu fait attendre:
Avec mes Ouvriers j'étois dans mon jardin,
Où, par un changement qui doit peu vous surprendre,
Suivant l'usage Anglois, j'ai voulu, ce matin,
Qu'on fît, d'un grand Parterre, un petit Boulingrin;
J'y veux avoir de tout, des vallons, des collines,
 Des prés; une plaine; des bois;
 Une Mosquée, un pont Chinois,
 Une rivière, des ruines...

DAMIS, *imitant l'accent Anglois pendant toute*
la Scene.

Vous avez donc, Monsieur, un immense terrain?

ÉRASTE.

 Moi, point : trois arpens dont le nôtre
 A jadis tracé le dessin.
On vante sa façon, je préfère la vôtre.

DAMIS.

Je vois que vous avez du goût.

ÉRASTE.

Si je ne puis en grand imiter la nature,
D'un parc Anglois, du moins, j'aurai la mignature.
 Ma foi, vous nous passez en tout,
Même dans les Beaux-Arts : Hogard dans la Peinture,
Hindel dans la Musique....

---

* Dans cette Scene & dans toutes celles où paroît Éraste, Damis
contrefait un peu l'accent Anglois.

DAMIS.

Hindel eft Allemand.
Prenez garde, Monfieur.

ÉRASTE.

L'eft-il ?

DAMIS.

Affurément.

ÉRASTE.

Laiffons cela, Monfieur. Qu'eft-ce qui me procure
L'honneur ?...

DAMIS.

Premierement, la curiofité :
La France, dans fon fein, n'a point de rareté
Qui doive, plus que vous, attirer la vifite
D'un étranger, curieux de mérite.

ÉRASTE.

On m'accufe, Monfieur, de fingularité,
Et vous m'en trouverez, peut-être ;
Mais en voyant ce que les hommes font,
Je m'applaudis que le ciel m'ait fait naître
Si différent de ce qu'ils font.

DAMIS.

Permis à vous, Monfieur, de l'être.
A Londres chacun prend la forme qui lui plaît,
On n'y furprend perfonne en étant ce qu'on eft :
Quant à moi, je fuis ce Blacmore,
Dont on vous a parlé pour enfeigner l'Anglois.

ÉRASTE.

De vous Dorante hier m'entretenoit encor,
Il m'en faifoit vraiment un grand éloge ; mais
A votre phyfionomie,
Beaucoup plus qu'à lui je m'en fie :
On fe peint dans fes traits comme dans un miroir :
Locke l'a dit.

DAMIS.

Je crois...

ÉRASTE.

ÉRASTE.

Par exemple, à vous voir,
Vous êtes un penseur...

DAMIS.

Oh! Monsieur...

ÉRASTE.

Je parie
Que sur vous le beau Sexe a fort peu de pouvoir,
Que l'amour, à vos yeux, n'est rien qu'une folie.
Hem! suis-je pénétrant? & n'admirez-vous pas...

DAMIS.

Jamais je n'admire.

ÉRASTE.

En tout cas,
Si votre esprit jamais n'admire,
Il trouvera chez nous ample matiere à rire.

DAMIS.

Jamais je ne ris.

ÉRASTE, à part.

Oh! cet homme est bien Anglois,
Bien bon.

DAMIS.

On rit de tout chez les François;
Sachez, Monsieur, qu'en Angleterre,
On se pend quelquefois; mais qu'on n'y rit jamais.

ÉRASTE.

Ah! si dans ce pays j'avois un coin de terre!

SCENE III.

SOPHIE, BÉLISE, ÉRASTE, DAMIS,
FINETTE.

ÉRASTE, *en lui préfentant Damis.*

Sophie, approchez-vous, voilà le Précepteur...
De l'embarras! de la rougeur!

SOPHIE, *à part.*

Finette en vain m'a prévenue,
Je ne puis...

BÉLISE, *à Sophie.*

Pourquoi donc baiffer ainfi la vue?
Ce maître-là ne fait pas peur;
Et Monfieur eft fait de maniere
A trouver plus d'une écoliere.

ÉRASTE.

Eh bien! ma fœur, vous n'en vaudrez que mieux:
Etudiez la langue Anglaife,
Il peut fort bien montrer à deux.

BÉLISE.

Moi, de l'Anglois? à Dieu ne plaife!

DAMIS, *bas à Sophie.*

Si vous me découvrez, vous me donnez la mort.

(*Pendant cette Scene on a apporté la table à thé, fur
laquelle Finette a tout arrangé.*)

ÉRASTE, *à Damis.*

A l'Angloife, de bon accord,
Ici le déjeûner le matin nous raffemble:
Ma Pupille verfe le thé.
Affeyons-nous.

(*Ils fe placent autour de la table, & Sophie verfe le thé.*)

ÉRASTE, *à Sophie.*

La main vous tremble.

BÉLISE.

Vous n'avez point votre gaieté.

SOPHIE.

Depuis un temps je l'ai perdue.

BÉLISE.

Comment?

SOPHIE.

Je ne sais pas comme elle étoit venue,
Je ne sais pas comment elle a pu me quitter.

DAMIS.

Peut-être qu'en ce lieu ma présence vous gêne.

SOPHIE.

Oh! vous n'en pouvez pas douter.

ÉRASTE.

De ce discours naïf n'ayez aucune peine;
Elle n'a vécu qu'avec nous.
Quand elle aura reçu quelques leçons de vous,
Elle sera plus à son aise.
Allons, près de Monsieur, avancez votre chaise;
Pourquoi vous tenez-vous si loin?

SOPHIE.

Mais, Monsieur, il n'est pas besoin...

DAMIS.

Mademoiselle en est aux élémens, j'espere,
Et tant mieux, c'est ainsi que j'aime une écoliere;
Moins elle sait & plus je m'y donne de soin.

SCENE IV.

Les Acteurs précédens, L'OLIVE.

L'OLIVE, *en donnant une Lettre à Eraste.*

Une Lettre de Londre.

(*Il fort.*)

ÉRASTE, *à Damis.*

Ouvrons... Tenez, mon maître,
C'eft de l'Anglois ; lifez, ce que j'y puis connoître,
C'eft qu'elle eft de Cobbam.

DAMIS, *embarraffé.*

Fort bien.

ÉRASTE.

Le bon Milord,
Bleffé que notre langue étende fon empire,
Poffede le François & ne veut pas l'écrire.

DAMIS.

Il a tort... Ce Cobbam eft votre ami.

ÉRASTE.

Très-fort.

DAMIS.

Cette Lettre contient quelque fecret, peut-être.

ÉRASTE.

Non, un de fes enfans fe devoit marier,
Sans doute ce billet m'en apprend la nouvelle.

DAMIS.

Je crains...

ÉRASTE.

C'eft mon affaire.

DAMIS.

On ne peut le nier.

Cependant....

ÉRASTE.

Lifez donc.

DAMIS, *à part.*

Je l'échapperai belle.

Si je puis... Effayons.

(*Il fait femblant de lire.*)

" Je vous fais part, mon cher ami, du mariage de ma
,, fille.

ÉRASTE.

Sa fille ! il n'en a pas.

DAMIS.

N'ai-je pas dit fon fils ?

ÉRASTE.

Non.

DAMIS.

Ma bouche, en ce cas,
S'eft méprife... *Mon fils*, voilà le mot, (*briquen.*)

ÉRASTE.

De grace.
Continuez.

DAMIS, *recommençant.*

" Je vous fais part, mon cher ami, du mariage de
,, mon fils, qui s'eft fait à ma grande fatisfaction.

ÉRASTE.

La chofe a bien changé de face :
Ce mariage-là n'étoit point de fon goût.

DAMIS.

Il vous le dit : tenez, écoutez jufqu'au bout.

(*Il lit.*)

,, Je n'ai pas toujours penfé de même ; vous faurez les
,, raifons qui m'ont fait changer de fentiment : je ne vous
,, écris qu'un mot, mais je vous dirai les détails à Paris,

B iij

,, où je compte , dans peu , avoir le plaifir de vous em-
,, braffer. ''

ÉRASTE.

Il n'eft donc plus fi fort tourmenté de fa goutte !
Bien agréablement je me trouve furpris ,
Je l'ai cru hors d'état d'entreprendre une route.

DAMIS.

La fatisfaction.... Ce mariage.... Un fils....

ÉRASTE.

Je ferai bien charmé de le voir à Paris.
Ce n'eft pas un efprit frivole
Que celui-là : fur ma parole ,
Peu de gens feront de fon goût.
Avons-nous des hommes en France ?
Des colifichets , & c'eft tout.
Les précepteurs du monde à Londre ont pris naiffance :
C'eft d'eux qu'il faut prendre leçon,
Auffi je meurs d'impatience
D'y voyager. De par Newton
Je le verrai , ce pays où l'on penfe.

BÉLISE.

Mon frere , on penfe en tout pays :
Celui-là , felon vous , l'emporte fur le nôtre.
Mais voyez-le , & je vous prédis
Que vous en reviendrez meilleur juge du vôtre.

SCENE V.

Les Acteurs précédens, L'OLIVE.

ÉRASTE.

QUe veut l'Olive encor ?

L'OLIVE.

Monfieur ,
C'eft que , dans ce moment, un cheval vous arrive ,
Dont l'allure brillante & vive....

ÉRASTE.

Il faut le voir : c'eſt un Coureur
Que j'ai fait venir d'Angleterre,
Et qui, dans Neumarket, gagna plus d'un pari.

BÉLISE.

Oh bien ! je fais, mon frere, une gageure ici.

ÉRASTE.

Quoi donc?

BÉLISE.

Qu'il étendra notre ſage par terre;
Qu'à la Philoſophie il caſſera le cou.

ÉRASTE.

Votre amitié, ma ſœur, mal-à-propos, s'effraye.

BÉLISE,

Je vous dis que vous êtes fou.
Il vous faut un cheval comme au pere Canaye,
Un doux & paiſible animal,
Qui, plus que ſon maître, ſoit ſage,
Et qui ne ſonge point à mal,
Tandis que votre eſprit dans la Lune voyage.

ÉRASTE.

Venez toujours voir celui-ci.

BÉLISE.

Trouvez bon que je reſte ici :
Tout ce que produit l'Angleterre,
Vous l'admirez! moi, de ce pays-là
Tout me déplaît; charbon de terre,
Philoſophes, chevaux.

DAMIS.

Préjugés que cela,
Madame.

BÉLISE.

Oh! quant à vous, Monſieur Blacmore, paſſe.
Malgré votre pays... on peut vous faire grace.

B iv

SCENE VI.

BÉLISE, FINETTE.

BÉLISE, *suivant des yeux Damis.*

S Ais-tu bien qu'il eſt fait au tour,
Finette? dans ſon air, cet Anglois eſt unique.

FINETTE.

Si bien que, dans ces lieux s'il fait quelque ſéjour,
Voilà pour vos vapeurs un fort bon ſpécifique.

BÉLISE.

Oh! Finette, déja j'en avois un tout prêt.

FINETTE.

Un tout prêt! comment donc? Je vous en loue, & c'eſt?

BÉLISE.

Un mari... Qui t'étonne? Eſt-ce donc qu'à mon âge
On ne peut pas encor ſonger au mariage?
Ne puis-je décemment brûler d'un chaſte feu?

FINETTE.

Déja veuve trois fois, c'eſt avoir du courage :
     Vous êtes heureuſe à ce jeu;
  Mais....

BÉLISE.

     De mon choix, tu loueras la ſageſſe.

FINETTE.

Jeune?

BÉLISE.

Et ſans reſſembler à nos Marquis brillans,
     Qui n'ont déja plus, à trente ans,
     Que les travers de la jeuneſſe.

FINETTE.

De l'eſprit?

BÉLISE.

Ce n'eſt pas préciſément ſon lot ;
Mais je n'ai pas beſoin qu'il faſſe d'épigramme :
Quand un époux aime ſa femme,
Et l'aime bien, ce n'eſt jamais un ſot.

FINETTE.

On ne peut mieux penſer, Madame,
Ni plus ſagement ſe pourvoir,
D'un autre œil, cependant, la choſe ſe peut voir,
Et je crains qu'Éraſte ne blâme....

BÉLISE.

Il approuvera mon projet.
Il faut qu'il file doux.... J'ai ſurpris ſon ſecret.

FINETTE.

Quoi donc?...

BÉLISE.

Notre prétendu ſage...
(Je te croyois de meilleurs yeux.)
Tout ſes diſcours faſtidieux,
Contre l'amour....

FINETTE.

Eh bien?

BÉLISE.

Vain étalage,
Syſtême de l'eſprit, démenti par le cœur ;
Le ſien brûle en ſecret, Sophie eſt ſon vainqueur.

FINETTE.

Vous croyez, Madame, qu'il aime....

BÉLISE.

Oh! j'en ſuis ſûre.

FINETTE.

Chut! Madame ; c'eſt lui-même.

SCENE VII.

BÉLISE, ÉRASTE, FINETTE.

BÉLISE.

Mon frere, vous boitez?

ÉRASTE.

Moi? Non.

BÉLISE.

La chofe eft fûre,

Vous boitez, vous dis-je.

ÉRASTE.

Oh! fort peu.

BÉLISE.

Je vois que j'avois fait une bonne gageure.

ÉRASTE.

Ce n'eft rien.

BÉLISE.

Le Coureur aura joué fon jeu.

ÉRASTE.

Une gaieté.

BÉLISE.

Je crains...

ÉRASTE.

Ma fœur, je vous en prie,
Laiffons cela ; je veux vous parler de Sophie.
Je m'apperçois que, depuis quelque temps,
Elle n'a plus cette aimable folie,
Partage heureux de l'âge en fon printemps,
Lorfqu'ignorant encore & le monde & les chofes,
Dans le champ de la vie on ne voit que des rofes.
Finette, qu'en dis-tu?

FINETTE.

Mais, Monsieur, entre nous,
Je dis qu'il n'en faut pas chercher bien loin les caufes.

ÉRASTE.

Comment?

BÉLISE.

Vous avez fait un projet des plus fous;
Mais la nature eft plus forte que vous:
Vous ne la rendrez pas muette.
Je me trompe, ou déja Sophie éprouve en foi
Cette agitation fecrette
D'une ame qui fe fent fourdement inquiette,
Sans bien favoir encor pourquoi.

FINETTE.

Il faudroit à Sophie autre chofe qu'un livre.
A fon âge, Monsieur, le cœur a fes befoins.
Un époux, par fes tendres foins,
Fait fentir qu'il eft doux de vivre.

ÉRASTE.

De quoi parles-tu là? D'un être de raifon:
Eft-ce donc pour s'aimer que l'on s'époufe? Bon!
On veut perpétuer fa race,
On veut tenir un grand état,
L'avarice & l'orgueil préfident au contrat;
Mais bientôt, lit à part, table où l'ennui fe place,
Écarts des deux côtés, fouvent fâcheux éclat
Font voir que le bonheur n'eft pas dans l'opulence;
Qu'en l'irritant fans ceffe, on éteint le defir,
Et que fouvent le riche a tout en abondance
Hors l'innocence & le plaifir.

BÉLISE.

Mais croyez-vous, mon frere, que Sophie
Puiffe avec vous demeurer décemment?
Quand je n'y ferai plus?

ÉRASTE.

Comment!

Vous voulez me quitter?

BÉLISE.

Mais.... Je me remarie.

ÉRASTE.

Ma sœur , c'eft une raillerie.

BÉLISE.

Raillerie eft fort bon.... Oh! c'eft un fait certain,
Demandez à Finette.

ÉRASTE.

Entre nous, je vous prie,
Vous avez fait mourir trois maris de chagrin,
Et n'êtes pas contente?

FINETTE.

On n'en fauroit rabattre :
Nous avons fait le vœu d'en expédier quatre.

BÉLISE.

Je n'aime pas vos libertés ,
Finette ; laiffez-nous , fortez.

FINETTE, *fort.*

SCENE VIII.

BÉLISE, ÉRASTE.

ÉRASTE.

A vos dépens, au moins, elle a fujet de rire,
Vous êtes folle, il faut le dire;
Et vous allez fur vous attirer les railleurs.

BÉLISE.

Je vous dirai , mon frere , en termes plus honnêtes,
Qu'un fage (puifqu'enfin, pour nos péchés, vous l'êtes)
N'eft bon qu'à donner des vapeurs;
Que dans votre logis l'ennui par trop abonde,
Que depuis un an je m'en meurs;

Un mari, du moins on le gronde;
C'eſt un amuſement.

ÉRASTE.

Je vous croyois pour moi
Plus d'amitié, ma ſœur.

BÉLISE.

Eh! mais, en bonne foi,
J'en ai beaucoup. Chez vous, mon frere,
Le cœur eſt excellent : quant à l'eſprit....

ÉRASTE.

Eh bien!

BÉLISE.

Souffrez que je n'en diſe rien :
Vous voulez que l'on ſoit ſincere,
Je pourrois l'être trop.

ÉRASTE.

Enfin, vous me quittez;
Et d'un nouvel époux....

BÉLISE.

C'eſt choſe décidée;
Mais il me vient, pour vous, une excellente idée.

ÉRASTE.

Pour moi?

BÉLISE.

Pour vous même : écoutez.
A l'aimable Sophie, à vous, je m'intéreſſe;
Épouſez-la.

ÉRASTE.

Vous plaiſantez.

(*A part.*)

Connoîtroit-elle ma foibleſſe?

BÉLISE, *d'un air malin.*

Sophie a des appas.

ÉRASTE, *d'un air embarraſſé.*

Son âme a des beautés.

BÉLISE.

Oh! oui : deux grands yeux pleins de flame
Embelliſſent beaucoup une ame....
Mon frere, parlons ſans détour,
Plus d'un ſage s'eſt pris aux piéges de l'amour.
Tandis que contre lui vous préveniez Sophie,
Le drôle, en tapinois, à la philoſophie
N'auroit-il pas joué d'un tour?

ÉRASTE.

(*A part.*)   (*Haut.*)
Il eſt trop vrai.... Ma fœur, vous êtes femme,
Vous voyez de l'amour par tout.

BÉLISE.

Mon frere, contre lui tel hautement déclame
Dont il pouſſe le cœur ſecrettement à bout.

ÉRASTE.

Eh! mais...

BÉLISE.

Riche, & d'un ſang dont l'origine eſt pure,
Votre ſeptieme luſtre à peine eſt révolu....

ÉRASTE.

Il eſt vrai que, ſortant de la Magiſtrature,
Ainſi que je l'ai réſolu....

BÉLISE.

Quant à ce dernier point, il ne ſauroit me plaire;
Mais ce projet encor n'eſt formé qu'à demi,
Et vous m'avez promis expreſſément, mon frere,
Que vous conſulteriez Liſimon votre ami.

ÉRASTE.

Je l'attends ce jour même, & vous tiendrai parole;
Mais de ſes ſentimens je ſuis très-aſſuré.
A l'amour des beaux-arts, à l'étude livré,
Pour l'Hélicon, lui-même a quitté le Pactole.

BÉLISE.

Sa fageffe me plaît, elle n'a rien d'outré.
Quant à notre Orpheline.... Oh! je la vois paroître.

ÉRASTE.

Elle femble Rêver.

BÉLISE.

Vous voilà tout ému.
Comme Amant, faites vous connoître:
Dévoilez votre cœur à fon cœur ingénu.
Tâchez de dérider ce front trifte & févere;
C'eft un enfant qui n'a rien vu.
Que fait-on? Vous pourrez lui plaire.

(*Elle fort.*)

SCENE IX.

ÉRASTE, SOPHIE.

SOPHIE, *rêvant.*

Rien n'eft égal au trouble de mon cœur:
Érafte a bien raifon : le tourment de la vie,
C'eft d'aimer....

ÉRASTE, *à part.*

Comment puis-je, avec quelque pudeur,
Lui chanter la palinodie?

(*Haut.*)

A quoi rêvez-vous donc, Sophie,
En vous parlant ainfi tout haut?

SOPHIE, *à part.*

O ciel! me ferois-je trahie?

(*Haut.*)

A rien, Monfieur, ou peu s'en faut.
Je laiffois ma penfée errer à l'aventure.

ÉRASTE, *à part.*

Que lui dirai-je? O que l'amour
Fait faire une sotte figure!
Je veux parler, & n'ose.

SOPHIE.

　　　　　　　　　A votre tour,
Vous rêvez, Monsieur.

ÉRASTE.

　　　　　　　　　Ah! Sophie...
Vous voyez contre vous un homme bien fâché.

SOPHIE.

　　Contre moi!

ÉRASTE, *à part.*

　　　　　　Je n'ai de ma vie
Senti trouble pareil.

SOPHIE.

　　　　Qu'avez-vous?

ÉRASTE.

　　　　　　　　Ce que j'ai!
De l'amour.

SOPHIE.

　　De l'amour!

ÉRASTE.

　　　　　　Pour la Philosophie.
Gardez vous de penser qu'un cœur tel que le mien...

SOPHIE.

　　Vous n'aimez qu'elle, on le sait bien;
Vous méprisez fort ceux qu'un autre amour engage.

ÉRASTE.

　　Mépriser, c'est beaucoup. (*A part.*) J'enrage.

SOPHIE.

　　Éraste, je n'y conçois rien;

　　　　　　　　　　　　　Mon

Mon étonnement eſt extrême:
Votre air & votre ton... Vous n'êtes pas le même.
Vous aurois-je déplu, Monſieur, ſans le ſavoir?

ÉRASTE.

Eh! morbleu.... de déplaire avez-vous le pouvoir?....
Mais puiſqu'un ſage, enfin, n'eſt marbre ni ſtatue....

SOPHIE.

Daignez pourſuivre.

ÉRASTE.

Non.

SOPHIE.

Je reſte confondue:
Quoi donc! un Philoſophe, au trouble, aux paſſions
Seroit-il ſujet comme un autre?
Mais s'il me ſouvient bien de vos expreſſions,
L'ame d'un ſage (& c'eſt la vôtre)
Plane loin de la terre, & reſſemble à ces monts
Dont un ciel libre & pur environne la tête;
Tandis qu'à leur pied la tempête
Obſcurcit les triſtes vallons.
Voilà, plus d'une fois, ce que m'ont fait entendre
Vos ſublimes comparaiſons.

ÉRASTE.

Je vous marquois le but où le ſage doit tendre;
Mais vous me faites trop ſentir
Combien tout homme eſt loin de pouvoir y prétendre.

SOPHIE.

(*A part.*)

Il connoît ma foibleſſe... Éraſte!

ÉRASTE.

Il faut ſortir.
Je ne puis me réſoudre à m'expliquer moi-même,
J'aurois trop à rougir.... Adieu.

C

SCENE X.

SOPHIE, *feule.*

A la brufque façon dont il quitte ce lieu,
Dans le fond de mon cœur il aura lu que j'aime,
Que j'ai trahi les foins qu'il prit de me former:
   Mais auffi, vivre fans aimer!
Si c'eft-là le bonheur, c'eft un bonheur bien trifte.
N'importe, il faut me vaincre... oui... mon cœur y réfifte.
Mais....

SCENE XI.

SOPHIE, FINETTE; DAMIS, *derriere,* *ne fe montrant pas.*

FINETTE.

D Amis avec vous defire un entretien.

SOPHIE.

Je l'ai trop écouté.

FINETTE.

   Cependant il infifte,
Et vous cherche.

SOPHIE.

   Oh bien! moi, je n'écoute plus rien.
   Annoncez-lui que, s'il perfifte
A refter en ce lieu contre ma volonté,
   On faura fa témérité.
   Je veux qu'il s'éloigne fur l'heure:
Je deviens fa complice en le fouffrant ici.

DAMIS, *fe jettant à fes pieds.*

Dites que vous voulez qu'il meure.

SOPHIE.

Quoi! vous me furprenez ainfi!...
Et ne voilà-t-il pas, Damis, qu'à votre vue,
Malgré moi, mon ame eft émue,
Et que je ne fais plus déja
Ce que mon propre cœur defire....

(*Vivement.*)

Oh! levez-vous : tenez, cette attitude-là
Vous donne fur moi trop d'empire :
Vous me feriez d'Érafte oûblier les leçons.

DAMIS.

Voulez-vous préférer de folles vifions
Aux tendres fentimens d'un cœur qui vous adore?
Érafte eft un extravagant.

SOPHIE.

Parléz mieux, s'il vous plaît, d'un homme que j'honore :
Je garde à fes bontés un cœur reconnoiffant;
Et fachant à quel point je lui fuis redevable,
Vous m'outragez, en l'offenfant;
Il m'eft cher, il m'eft refpectable.

DAMIS.

Pardonnez fi l'amour....

SOPHIE.

Contre mon bienfaiteur
Je ne puis fouffrir qu'il éclate :
Il perd tout pouvoir fur mon cœur,
Quand vous me voulez rendre ingrate.

DAMIS.

Ces fentimens vous font honneur,
Sophie; & je me prête à leur délicateffe :
Je ne dirai rien qui la bleffe.
Qu'Érafte foit un fage, il le veut, j'y confens :
De fon cœur je connois, j'admire la nobleffe;
Mais que dans la fleur de vos ans
Il veuille qu'à l'étude uniquement livrée,
Votre ame interdife l'entrée

A l'amour, ce fentiment doux,
Et j'ofe dire encor le plus noble de tous,
Lorfque fa flame eft épurée:
C'eft un façon de penfer
Qu'on peut, je crois, fans l'offenfer,
Appeller, tout au moins, chimérique & cruelle.

(*Vivement.*)

Mais c'eft à vous que j'en appelle,
A votre propre cœur, qui, promt à démentir
D'un fyftême fi vain la bizarre impofture,
Vous dit de préférer le bonheur de fentir
A l'orgueil infenfé de dompter la nature.

SOPHIE.

Je l'avouerai, Damis ; fi j'en croyois mon cœur.

DAMIS, *vivement.*

Vous parle t-il en ma faveur ?
J'ai voulu m'affurer du bonheur de vous plaire,
Avant de faire agir mon oncle Lifimon.
Votre Tuteur le confidère,
Il eft fon oracle, dit-on.
Puifqu'à mes vœux, enfin, vous n'êtes pas contraire...

SOPHIE.

Je voudrois l'être.

DAMIS, *en la regardant tendrement.*

O Ciel! vous le voudriez ?

SOPHIE, *le regardant tendrement.*

Non.

DAMIS.

Pourquoi donc, charmante Sophie...

SOPHIE.

A vos difcours, Damis, je crains de m'arrêter ;
Les Amans font flatteurs, il faut qu'on s'en défie.
Erafte me l'a dit.

DAMIS.

Eh! peut-on vous flatter ?

Avez-vous un regard, un fouris qui ne touche?
Sort-il un mot de votre bouche,
Qui n'aille de l'oreille au cœur?
Le fon de votre voix n'eft-il pas enchanteur?
Quelle autre a, comme vous, cette grace naïve,
Plus rare encor que la beauté,
Et qui, mieux qu'elle, nous captive?..
Vous flatter!

SCENE XII.

Les Acteurs précédens ; É R A S T E, *au fond du Théâtre.*

F I N E T T E, *à Damis.*

Prenez garde : on vient de ce côté.
Erafte... Il pourroit vous entendre.

D A M I S.

(*Bas.*)   (*Haut, avec l'accent Anglois.*)

Laiffez-moi faire. Eh bien! jugez par cet effai,
Si nos Auteurs n'ont pas cette expreffion tendre....

(*A Érafte qui s'eft avancé.*)

Je lui difois, Monfieur, un beau morceau d'Othouai;
Mademoifelle s'imagine
Qu'il n'a rien d'égal à Racine.

É R A S T E.

Oh!

S O P H I E.

Mais exprime-t-il un fentiment bien vrai?
Je crains...

D A M I S.

C'eft la nature même;
Mon Auteur ne feint point, fon art eft de fentir.

C iij

ÉRASTE.

Celui de vos Auteurs, qu'avant tout autre j'aime.
C'eſt Shakſpéar.

DAMIS.

Nous prononçons, Chefpir.

ÉRASTE.

Chefpir foit : mais en tout j'admire ſa maniere:
J'aime des Foſſoyeurs qui, dans un cimetiere,
Moraliſent gaiment ſur des têtes de morts :
Nous n'avons rien chez nous de ſi philoſophique.
Nos eſprits, pour cela, ne ſont pas aſſez forts...
Othouai, dit-on, eſt pathétique.
Et je voudrois entendre ce morceau...

DAMIS.

Oui, mais....

ÉRASTE.

Quoi donc?

DAMIS.

Seroit-il beau
Qu'un ſage, en matiere pareille...
C'eſt de l'amour... L'amour offenſe votre oreille.

ÉRASTE.

C'eſt de l'amour Anglois, je ſaurai me prêter.
Voyons.

DAMIS.

Il faut vous contenter.

ÉRASTE.

A quoi rêvez-vous donc?

DAMIS.

Je cherche à vous bien rendre
Ce que l'Auteur fait dire à l'Amant le plus tendre:
" Abjurez une triſte erreur.
„ Le ciel à l'humaine nature
„ Donna la beauté pour parure,

„ Et l'amour pour confolateur.
„ Dans le calice de la vie,
„ C'eft une goutte d'Ambroifie,
„ Qu'y verfa la bonté des cieux.
„ On vous a peint l'amour de crayons odieux ;
„ Voyez le tel qu'il eft.... Il s'eft peint dans mes yeux.
„ Ils vous difent : je vous adore ;
„ Mon cœur vous le dit encor mieux.

ÉRASTE.

Savez-vous bien, Monfieur Blacmore,
Que vous feriez Comédien parfait ?
Ma foi, fi je n'étois au fait,
Je croirois voir en vous un Amant véritable.

DAMIS,

Fi donc !... & le morcéau ?

ÉRASTE.

Charmant : nos Traducteurs
M'ont fait un peu connoître vos Auteurs.
Les nôtres n'ont plus rien qui me foit fupportable.
Avons-nous un Poëte à Pope comparable ?
Depuis qu'il a prouvé qu'ici bas tout eft bien,
Je verrois tout aller au Diable,
Que je croirois qu'il n'en eft rien.

(A Sophie.)

Inceffamment vous pourrez lire,
En original, cet Auteur.
Sentez-vous bien votre bonheur ?
Oh ! çà, Monfieur, daignez me dire,
Lui trouvez-vous des difpofitions ?
Sera-t-elle bientôt habile ?

DAMIS.

Il le faut efpérer, pourvu qu'à mes leçons,
Mademoifelle foit docile.

ÉRASTE.

Comptez là-deffus, j'en réponds.

(Sophie & Finette rient.)

C iv

Finette & vous, pourquoi donc rire?
De ce que je promets, n'êtes-vous pas d'accord?

SOPHIE.

Eh mais....

ÉRASTE.

Vous me fâcheriez fort
Si vous ne faisiez pas ce que Monsieur desire.

FINETTE.

Oh! c'est bien notre intention.

ÉRASTE.

Eh bien? vous nous quittez, Sophie?

SOPHIE.

Oui, je vais au Jardin.

(*Elle sort avec Finette.*)

ÉRASTE, *à Damis.*

Faites-leur compagnie.
Tout en se promenant elle prendra leçon...
Si cependant cela vous contrarie,
Vous pourriez préférer mon entretien.

DAMIS.

Oui; mais
Le devoir avant tout, & le plaisir aprés.

SCENE XIII.
ÉRASTE, *seul.*

CE Maître me plaît fort: j'admire ses lumieres:
Qu'à son âge on trouve un François
Également versé dans toutes les matieres!
Ma Pupille, avec lui, fera de grands progrès...
Mais toujours ma Pupille... ô Ciel! quelle est ma honte!
Sophie, un enfant me surmonte:
D'où naît donc son pouvoir sur moi?

Eh bien ! des yeux , un teint... eſt-ce donc là de quoi
   Renverſer la tête du Sage ?
Qu'eſt-ce que la beauté ? Rien qu'un vain aſſemblage
De traits & de couleurs... C'eſt fort bien raiſonner.
D'où vient donc que je ſens le contraire ? J'enrage,
   Et ne puis me le pardonner :
  Sophie... Elle eſt là... J'ai beau faire...
   Épouſons-la , prenons une moitié...
   Newton ne s'eſt pas marié ;
On me regardera comme un homme ordinaire...
   N'entends-je pas une voiture ? Oui.
Ce ſera Liſimon, je l'attends aujourd'hui :
   Et je prétends ſur cette affaire...
   Je ne me trompois pas : c'eſt lui.

SCENE XIV.
ÉRASTE, LISIMON.
ÉRASTE.

AH ! mon cher Liſimon , que dans cet hermitage
  Il m'eſt doux de vous recevoir !
Que j'aurai de plaiſir à poſſéder un ſage !

LISIMON.

Je ſuis, de mon côté, charmé de vous y voir ;
Mais que d'un autre nom votre bouche me nomme :
  Ce titre eſt trop peu fait pour l'homme ;
Le moins ſage eſt celui qui croit l'être le plus.

ÉRASTE.

  Mais ceux qui ſavent vous connoître....

LISIMON.

Éraſte, briſons là-deſſus.
Vous ſavez qu'un des points entre nous convenus,
C'eſt de ne point flatter.

ÉRASTE.

    Eh bien donc ! mon cher maître ,
Je veux vous faire part d'un parti que je prends.

LISIMON.

Je vous parlerai vrai.

ÉRASTE.

C'eft à quoi je m'attends,
Vous êtes Philofophe, & m'apprîtes à l'être.

LISIMON.

La chofe eft aujourd'hui plus rare que le mot.
C'eft un nom que chacun s'arroge :
Auffi c'étoit jadis éloge,
C'eft injure à préfent.

ÉRASTE.

Dans la bouche d'un fot.

LISIMON.

Il eft vrai : mais mon cher Érafte,
Savez-vous ce que c'eft qu'un Philofophe?

ÉRASTE.

Quoi?...

LISIMON.

Vous croyez le favoir.... Si je vous difois, moi,
Que vous-même, fouvent, en offrez le contrafte :
Le Philofophe fuit la fingularité,
Il n'eft jamais rien avec fafte ;
Même en le condamnant, il fuit l'ordre arrêté,
Et, fans fe diftinguer, vétu fuivant l'ufage,
Croit la feule vertu l'uniforme du fage.

ÉRASTE.

Mais....

LISIMON.

S'il combat le vice & s'oppofe à l'erreur,
Ses leçons aux Humains ne font point des outrages:
Simple en fes actions, modefte en fes ouvrages;
Il inftruit fans orgueil, & blâme fans aigreur.
Voyez fi ce portrait, Érafte, vous reffemble.

ÉRASTE.

Mais fi je puis, Monfieur, dire ce qui m'en femble,

Pour fuir l'air prétendu de fingularité,
Faut-il fuivre en aveugle un vulgaire hébété?
Doit-on, à votre avis, refpectant les ufages,
Agir comme les fous, penfant comme les fages?

LISIMON.

Hors les cas peu communs, où la haute vertu
Nous trace le chemin, loin du chemin battu;
Hors les vices que rien à fuivre n'autorife,
Je tiens qu'il ne faut pas qu'on fe fingularife;
Qu'on doit, furtout, fuyant un ridicule écueil,
Ne point prendre d'un fage & l'affiche & l'orgueil.

ÉRASTE.

Eh bien! mon digne ami, malgré cette apoftrophe,
Vous conviendrez, pourtant, que je fuis Philofophe:
Je vais quitter ma charge.

LISIMON.

Ah! que dites-vous là?
Qui peut donc, s'il vous plaît, vous forcer à cela?

ÉRASTE.

Je prétends, dans ma folitude,
Ami de la fageffe & de la vérité,
En faire mon unique étude.

LISIMON.

Érafte, ce projet n'eft pas bien médité:
Vous aurez de la peine à trouver des excufes.

ÉRASTE.

Eh quoi! n'avez-vous pas quitté
Le palais de Plutus pour le temple des Mufes?
Je comptois, Lifimon, que vous m'approuveriez.

LISIMON.

Le cas eft différent. J'ai pu fouler aux pieds
L'intérêt, ce vil Dieu, qu'aujourd'hui l'on adore;
Mais vous, qui, juge integre, & fage Magiftrat,
Tenez près de Thémis un rang qui vous honore,
Votre premier devoir eft de fervir l'État.

ÉRASTE.

Eclairer son pays, c'est le servir.

LISIMON.

Sans doute;
Mais peu de gens sont faits pour suivre cette route.
Pour l'instinct du génie on prend sa vanité,
Et, quand il n'est pas sûr qu'on soit de cette étoffe,
Quitter un poste utile à la société,
C'est être Déserteur & non pas Philosophe.

ÉRASTE.

Mais....

LISIMON.

Quitter votre charge, ah! c'est un dernier trait
Contre lequel il faut qu'ouvertement j'éclate:
Qu'un autre applaudisse & vous flatte;
Mais moi, je vous le dis tout net,
Renoncez à votre projet,
Ou je romps, dès ce jour, avec vous tout commerce:
A la philosophie on impute vos torts.

ÉRASTE.

Est-ce ma faute à moi, s'il n'est point de butors
Dont la plume aujourd'hui contre elle ne s'exerce?

LISIMON.

Oui, c'est par vos pareils, par vous (je le maintiens)
Que la philosophie est en bute aux outrages.
Semblables aux Européens
Qui fournissent, contre eux, de la poudre aux Sauvages,
Vous donnez des armes aux sots;
De vos travers ils se prévalent,
Avec emphase ils les étalent,
Et pensent, tout au moins, devenir les égaux
Des hommes éminens que sans cesse ils ravalent.

ÉRASTE.

Ne fut-il pas toujours des sots & des méchans,
Ennemis nés de la Philosophie?
Et leurs traits n'ont-ils pas poursuivi de tout temps
Le talent qu'on admire & qui les humilie?

LISIMON.

C'est quelquefois sa faute.

ÉRASTE.

Eh! comment, s'il vous plaît?

LISIMON.

Je dis la chose comme elle est.

(*Avec chaleur.*)

Si d'être célébré vous avez la manie,
Qu'avez-vous besoin de travers?
Les moyens vous en sont offerts;
Occupez-vous des loix dont vous êtes l'organe;
Combattez, détruisez l'hydre de la chicane;
Veillez pour l'Orphelin, secourez l'innocent,
Rendez, surtout au foible, une prompte justice;
Qu'aux yeux de la beauté, qu'à la voix du puissant,
La balance jamais dans vos mains ne fléchisse.
Aux devoirs d'un si noble emploi
Immolez vos plaisirs, immolez-vous vous-même.
Sachez qu'on ne s'élève à la gloire suprême
Q'autant qu'on ne vit pas pour soi.
Vous passerez encor pour singulier, peut-être;
Mais, mon cher ami, croyez-moi,
C'est ainsi qu'il est beau de l'être.

ÉRASTE.

Vous m'échauffez; je sens que vous avez raison,
Je crois votre conseil & garderai ma place.

LISIMON.

Ah! venez que je vous embrasse.
Si je vous ai parlé trop vivement, pardon.
Je fais tout ce qu'en vous le ciel a mis de bon.
Par exemple, vous soins pour la jeune Sophie
Honorent la Philosophie.
Quels sont, sur elle, vos desseins?
Vous rougissez!

ÉRASTE.

Comment vous avouer que j'aime?
Votre sagesse, que je crains,

Ne me paſſera pas cette foibleſſe extrème.
Vous condamnez l'amour.

LISIMON.

Ceſſez de vous troubler:
La Philoſophie eſt moins dure,
Et ſe propoſe de régler,
Non de détruire la nature.

ÉRASTE.

Mais moi, me marier!....

LISIMON.

Hé! qui donc, s'il vous plaît,
Sera bon citoyen, bon époux & bon pere,
Si le Philoſophe ne l'eſt?
Son exemple eſt, ſurtout aujourd'hui, néceſſaire.
Éraſte, vous deviez à Sophie un époux;
J'approuve fort que ce ſoit vous,
Et cela m'impoſe ſilence.

ÉRASTE.

Sur quoi?

LISIMON.

J'avois deſſein de vous la demander
Pour mon Neveu, jeune homme d'eſpérance,
Qui doit un jour à mes biens ſuccéder.

ÉRASTE.

J'euſſe aimé fort une telle alliance.

LISIMON.

A votre projet, moi, de grand cœur, j'applaudis.

ÉRASTE.

Ce mariage-là fera du bruit, je penſe.

LISIMON.

Mais, non : rien n'eſt plus ſimple.

ÉRASTE.

Oh! point : tous nos amis,
Milord Cobbam, ſurtout, en fera bien ſurpris.

LISIMON.

Je viens d'avoir de ſes nouvelles.

ÉRASTE.

Je viens d'en recevoir auſſi.

LISIMON.

Je le plains fort : ſon fils lui vient d'être ravi;
Il m'écrit qu'il eſt dans des peines cruelles.

ÉRASTE.

De qui parlez-vous?

LISIMON.

De Milord.

ÉRASTE.

De Milord Cobbam?

LISIMON.

Oui.

ÉRASTE.

Vous me ſurprenez fort.
Son fils vient d'épouſer cette riche héritiere....

LISIMON.

Qui vous a fait ce beau rapport?

ÉRASTE.

Son pere me le mande.

LISIMON.

Il me mande ſa mort.

ÉRASTE.

Parbleu! la choſe eſt ſinguliere,
Ma lettre eſt du vingtieme.

LISIMON.

Et la miene eft du vingt.

ÉRASTE, *tirant fa lettre.*

Voyez.

LISIMON.

C'eft de Milord l'écriture & le feing.

ÉRASTE.

Lifez.

LISIMON.

Dans notre langue il faut vous la traduire.

(*Il lit.*)

" Mon 'cher ami, c'eft le plus malheureux des peres
„ qui vous écrit : j'ai perdu mon fils en deux jours, fa
„ mort.... „
Eh! bien, ai-je raifon?

ÉRASTE.

Je ne fais plus que dire :
Rendez-vous bien le fens, Lifimon.

LISIMON.

Mot à mot.

Qu'avez-vous donc?

ÉRASTE.

J'ai... que je fuis un fot.
Holà! quelqu'un! allez, faites venir Blaemore.

LISIMON.

Quel eft donc ce Blacmore?

ÉRASTE.

Un homme, je le voi,
Qui (comme bien des gens dont c'eft-là tout l'emploi)
Fait métier de montrer ce que lui-même ignore.

SCENE

SCENE XV.

ÉRASTE, LISIMON, DAMIS.

ÉRASTE.

Monfieur le Maître Anglois, approchez.

DAMIS.

Je fuis pris;

C'eft Lifimon.

ÉRASTE, *à Lifimon, qui éclate de rire.*

Eh mais! pourquoi donc tous ces ris?

LISIMON.

Parbleu! c'eft que le tour eft drôle.
Votre Anglais, natif de Paris,
A tout-à-fait l'air de fon rôle.
Mais favez vous qui c'eft?

ÉRASTE.

Un fripon.

LISIMON.

Mon neveu.

ÉRASTE.

Damis! je fuis furpris on ne peut d'avantage....

LISIMON.

Cette plaifanterie eft un jeu de fon âge.

DAMIS.

Non, Monfieur; pardonnez, il faut faire un aveu;
L'amour m'a fait ici jouer ce perfonnage;
Et Sophie....

LISIMON.

Oh! ceci paffe le jeu.

D

DAMIS.

Tous les cœurs lui doivent hommage;
Le mien de fes vertus charmé...

(*A fon oncle qui paroît indigné.*)

Vous me condamnerez; vous n'avez point aimé.

LISIMON.

Oui, Monfieur, très-fort, je vous blâme:
Ne tient-il donc qu'à fuivre une imprudente flâme?
L'amour ne fert d'excufe à rien,
De notre caractere il emprunte le fien;
Et par de nobles traits fe faifant reconnoître,
Dans un cœur vertueux l'amour fe plaît à l'être.
Du vôtre, mon Neveu, fongez à triompher.

DAMIS.

Cet amour eft ma vie.

LISIMON.

Il le faut étouffer.

DAMIS.

Vous voulez donc, mon Oncle, que j'expire?

LISIMON.

On ne meurt point, Monfieur, & l'on fait fon devoir;
Mais, pour vous ôter tout efpoir,
Sachez, puifqu'il faut vous le dire,
Qu'Erafte pour Sophie a fait choix d'un époux.

DAMIS, *à Erafte.*

C'eft donc à moi, Monfieur, d'embraffer vos genoux.
Verrez-vous fans pitié mon défefpoir extrême?
Mais où fe cache ce rival?
Mérite-t-il?...

LISIMON.

Damis, n'en dites point de mal:
Vous étiez à fes pieds.

ÉRASTE, *qui, pendant le dialogue de l'Oncle &
du Neveu, a paru rêver profondément.*

Oui, Monfieur, c'eft moi-même,
Et mon amour au vôtre eft tout au moins égal.

(*Il va au fond du Théâtre.*)

Que l'on faffe venir Sophie.

LISIMON.

Vous voyez, mon Neveu, qu'il n'y faut plus fonger.

DAMIS, *vivement.*

Rien mon oncle, non, rien ne m'en peut dégager;
Et fi je vous fuis cher...

LISIMON.

Mais c'eft de la folie.

(*A Erafte qui revient.*)

Quel eft votre deffein, Érafte, je vous prie?

ÉRASTE.

Vous allez entendre & juger.

SCENE XVI ET DERNIERE.
ÉRASTE, LISIMON, DAMIS, SOPHIE, BÉLISE, FINETTE.

ÉRASTE.

APprochez-vous, Sophie, & prêtez moi filence.
Vous favez, depuis votre enfance,
Tous les foins que j'ai pris de vous;
Vos vertus font ma récompenfe;
Mais je ne fuis pas quitte, il vous faut un époux....
D'une aimable rougeur votre front fe colore,
Sophie, & vous baiffez les yeux.

SOPHIE, *avec embarras.*

Monfieur.

D ij

ÉRASTE.

Cet embarras vous embellit encore.

FINETTE.

Rougir au mot d'époux, c'est s'expliquer au mieux.

BÉLISE.

C'est répondre d'après nature.

ÉRASTE.

Il faut donc en remplir le vœu.
Des foiblesses d'un cœur qui cachoit sa blessure,
Il faut vous faire aussi l'aveu :
Tandis que chargeant sa peinture,
Je vous offrois l'Amour sous des traits odieux,
Le traître, caché dans vos yeux,
Rioit de mes leçons, & gravoit dans mon âme
Votre portrait en traits de flâme.

SOPHIE.

Vous aimez ! mais, Monsieur, ce n'est donc point un mal ?

DAMIS, *vivement.*

C'est un bien qui n'a point d'égal.

SOPHIE, *à Eraste.*

Vous me trompiez !

ÉRASTE.

Je me trompois moi-même :
Il est trop vrai que je vous aime,
Et qu'a vous posséder j'attache mon bonheur ;
Mais je n'ai jamais sçu tyranniser un cœur :
Et quel que soit pour vous l'excès de ma tendresse,
Je veux de votre choix que vous soyez maîtresse :
Je vous donne pour dot cinquante mille écus...
Point de complimens là-dessus :
Je vous ai tenu lieu de pere,
Et c'est à moi de vous doter.

SOPHIE, *pénétrée.*

Ah ! comment pourrai-je acquitter ?...

ÉRASTE.

Je n'ai rien fait pour vous que ce que j'ai dû faire :
Votre pere, en mourant, me légua votre fort :
J'ai fait honneur au legs : mais je rougirois fort
De penser que ce fût un titre pour vous plaire ;
Consultez votre cœur pour donner votre foi,
   Et choisissez entre Damis & moi.

SOPHIE, *à part.*

Qu'un si beau procédé me confond & me touche!

DAMIS, *vivement.*

Sophie, avant que de fixer mon fort,
Songez, hélas! songez que votre bouche
Va prononcer, ou ma vie, ou ma mort :
Je ne veux point de la dot qu'on vous donne.
   Riche affez de vous posséder,
   Je ne veux que votre perfonne ;
   Mais je meurs, s'il faut vous céder,

LISIMON.

Jeune infenfé, vous voulez que Sophie
A vos defirs lâchement facrifie
Ce qu'elle doit...

DAMIS, *avec la plus grande chaleur.*

        Oui, j'efpere.., Je veux.
Vous ignorez, mon oncle, comme on aime ;
   Un cœur dont l'amour eft extrême,
Ne fait point renoncer à l'objet de fes vœux.
Le véritable amour n'eft point fi généreux ;
   Il immole tout... hors lui-même,

   (*Il fe jette aux pieds de Sophie.*)

J'attends mon arrêt à vos pieds.

SOPHIE, *à part.*

O Ciel! dans quel trouble il me jette!

   (*A Damis.*)

Je prétends que vous vous leviez,
Damis ; levez-vous, dis-je, ou ma bouche eft muette.

ÉRASTE, *à part.*

Je vois qu'il est aimé.

SOPHIE, *à part,*

Que vais-je prononcer?

(*Haut.*)

Éraste vos bienfaits ont des droits sur mon âme,
Que rien jamais ne pourra balancer.
Vous avez beau vouloir y renoncer,
Et ne laisser parler que votre flâme,
Plus vous les oubliez, & plus je m'en souvien...
Mais pourquoi vous montrer sous des dehors austeres!
Pourquoi contre l'Amour ces discours si séveres?
M'ont-ils dû disposer à ce tendre lien;
Et lorsque votre amour éclate,
Pourrai-je?.. Oui je puis tout, plutôt que d'être ingrate;
Et dût votre bonheur me coûter tout le mien,
Fallût-il vous donner ma vie..
Je suis prête...

ÉRASTE.

Achevez... Vous vous troublez, Sophie.

SOPHIE, *avec effort.*

Non, Monsieur.

ÉRASTE.

Eh bien donc?

SOPHIE. *Elle regarde Damis, soupire, & présente
sa main à Éraste.*

Mon devoir est ma loi:
Voici ma main, Éraste.

DAMIS.

O Ciel!

ÉRASTE.

Je la reçoi.

(*Après une pause.*)

Mais, Damis, c'est pour vous la rendre.

DAMIS.

Qu'entends-je?..

SOPHIE.

Quoi, Monfieur!

ÉRASTE.

Je fais ce que je doi:
A vos vrais fentimens je ne puis me méprendre.
Vous avez beau vouloir vous vaincre en ma faveur,
Damis poſſéde votre cœur :
C'eſt à moi, ſur le mien, d'emporter la victoire.

DAMIS.

Je doute ſi je veille, & j'ai peine à vous croire;
De ce bonheur inattendu
Mon efprit encor ſe défie....
Parlez donc, charmante Sophie.

SOPHIE, *à Eraſte.*

Dans le faiſiſſement de mon cœur éperdu,
J'ai peine à trouver des paroles...

ÉRASTE.

Ce font témoignages frivoles:
Il n'en eſt pas befoin, votre cœur m'eſt connu.

SOPHIE.

Que je fens bien tout ce qui vous eſt dû!

ÉRASTE.

Je fais votre bonheur, il fera mon falaire;
J'exige cependant une grace de vous.

SOPHIE.

Parlez, Monfieur, que faut-il faire?

ÉRASTE.

En aimant Damis comme époux,
Me chérir encor comme pere.

SOPHIE.

Ce dernier trait acheve, & met le comble à tous.

D iv

DAMIS & SOPHIE *se jettent aux pieds d'Erafte.*

Nous fommes vos enfans.

BÉLISE.

Il faut pourtant le dire :
Les Philofophes font des fous,
Que, malgré foi, quelquefois l'on admire.

LISIMON, *à Erafte.*

C'eft avoir fur vous-même, Érafte, un grand empire.
Ce fublime effort de raifon
Eft d'un rare & pénible ufage.
Ne foyez fingulier que de cette façon,
Et le Public en vous refpectera le fage.

FIN.

EPÎTRE
A UN JEUNE POËTE,
Qui veut renoncer aux Muses.

FAvori d'Apollon, ô toi ! dont Polymnie
Eclaira le berceau des rayons du génie,
Qui dans un vers facile, harmonieux, flatteur,
Sais, en charmant l'oreille, intéresser le cœur,
Est-il vrai, que cédant au dépit qui t'anime,
Abjurant les neuf Sœurs, & maudissant la rime,
Tu laisses le champ libre à tes heureux Rivaux !
Je sais que jusqu'ici, pour prix de tes travaux,
Couronné par la Gloire, attaqué par l'Envie,
Ce monstre a, de son souffle, empoisonné ta vie.
Je ne veux point, Ariste, excuser ses fureurs,
De ton âge imprudent t'opposer les erreurs,
Et faire le procès à ta Muse indiscrete ;
Quel homme impunément fut , & jeune, & Poëte ?
Non : mais je te dirai : garde-toi du Dépit,
C'est un guide trompeur, le Repentir le suit.
Si , doué par le ciel d'un talent ordinaire,
Ta vanité n'eût pris qu'un effort téméraire,
Je dirois : tu fais bien ; quitte un travail ingrat ;
Il en est temps encor, chosis un autre état ;
Fais ce qu'à tant de sourds en vain Boileau conseille ;
Mais le Frélon doit-il décourager l'Abeille ?

Avare de fon temps, cette fille du ciel,

Pompe le fuc des fleurs, compofe en paix fon miel.

La Haine a, contre toi, déchaîné la Critique;

Es-tu donc le premier qui, par ce monftre étique,

Dans Athenes, dans Rome, & même dans Paris,

Ait vu calomnier fes mœurs & fes écrits?

Des Ages renommés interroge l'hiftoire,

Et vois, par-tout, l'Envie à côté de la Gloire:

D'un mérite éminent le fatigant éclat,

Des mortels, nés jaloux, bleffe l'œil délicat;

Dans la tombe on l'honore, & vivant on l'opprime:

L'orgueil du cœur humain nous vend cher fon eftime.

Il eft beau, cependant, de s'en voir honoré:

Tu préféres la paix; mais loin du Mont Sacré,

Connois tu quelque port à l'abri des orages,

Où l'homme ait un bien pur & des jours fans nuages?

Homere, qui, fertile en belles fictions,

Prête un fi riche voile à fes inftructions,

Près du trône où s'affied le Maître du tonnerre,

A placé deux tonneaux, dont ce Dieu, fur la terre,

Verfe à tous les humains le bien avec le mal:

Les lots font différens, le partage eft égal :

Sur les trônes, l'Ennui prend noblement fa place;

Le Riche a des fens morts avec un cœur de glace:

Sous l'humble toît du Pauvre, habite la Santé,

Compagne du Travail, mere de la Gaité.

Plaifirs fimples & vrais, cœur honnête, efprit fage,

La Médiocrité vous reçut en partage.

La ftupide infolence & l'ivreffe de l'or

Se lifent fur le front du parvenu Mondor.

Pour tréfors, le Poëte eut les dons du génie:

Trop rarement, peut-être, il eut la modeftie.

Troublé par les revers, enflé par le fuccès,

Son cœur, prompt & mobile, eft fenfible à l'excès.

Rien n'eft pur ici bas : quand l'Art & la Culture,

A leur livrer fes biens, ont forcé la Nature,

Combien (fans l'homme hélas !) d'animaux raviffeurs

Difputent au Travail le prix de fes fueurs!

Mille infectes, armés d'une trompe ennemie,

Souillent les feps du Dieu qui confole la vie,

Et dévorent l'efpoir du trifte Vigneron.

Faut-il donc s'étonner que l'Arbre d'Apollon

Ait fon infecte auffi, qui cherche à le détruire;

L'impuiffance, la faim, la rage de nuire,

De reptiles fans nombre infectent l'Hélicon.

Garde toi de falir tes écrits de leur nom.

Méprife-les, Arifte, & mets dans la balance

D'un Amant des neuf Sœurs la noble indépendance;

Ce tranquille réduit, où, loin d'un monde oifif,

L'étude fait fixer ce Vieillard fugitif,

Qui, pour tant de mortels, fi pefamment fe traîne,

Où les grands Ecrivains, & de Rome & d'Athene;

Philofophes profonds, Poëtes, Orateurs,

Sont pour lui des amis & des confolateurs;

Offrent à fon efprit l'efprit de tous les âges,

Et l'échauffant du feu de leurs divins ouvrages,

Y portent ce defir de l'immortalité,

Qui, par des efprits froids, de chimere traité,

Mobile du Héros, reffort des grandes ames,
Eleve l'homme au ciel fur des aîles de flames,
Et de cette hauteur lui montre le néant
De ces biens fi vantés qu'on pourfuit en rempant.
Nul bien ne vaut, crois-mois, les charmes de l'étude.
Crains de livrer ton cœur à cette inquiétude,
Qui, fans ceffe, ici-bas, nous portant à changer,
S'exagere le bien qui nous eft étranger,
Infenfible à celui qui fut notre partage.
Vole & fuis la carriere où la Gloire t'engage.
Aux fureurs de l'Envie, à ces triftes clameurs
Oppofe tes écrits, le filence & des mœurs.
Veux-tu la braver mieux ? Plus habile à nous plaire,
Ofe, en te furpaffant, irriter fa colere :
Que fa rage impuiffante éveille les échos ;
Malheur à l'Écrivain qu'elle laiffe en repos.
Dans tes nobles écrits que la vertu refpire :
Sois avare d'encens, défends-toi la fatyre :
Vis avec tes égaux : admis auprès des Grands,
Refpecte l'homme en toi, refpecte en eux les rangs :
Ne rends point à leurs yeux, par fierté, par baffeffe,
Ridicules ou vils les titres du Permeffe.
Tout mortel eft jaloux, mais tout Auteur eft vain :
Etouffe dans ton cœur ce dangereux levain,
Fuis la préfomption : c'eft alors qu'il s'oublie,
Qu'on veut bien quelquefois faire grace au génie ;
Mais s'il fe rend lui-même un hommage éclatant,
On refufe à l'orgueil ce qu'on doit au talent.

A P P R O B A T I O N.

J'Ai lu, par ordre de Monseigneur le Chancelier, *l'Anglomane*, ou *l'Orpheline léguée*, Comédie ; & je crois qu'on peut en permettre l'impression. A Paris, ce 21 Novembre 1772. MARIN.

Le Privilége se trouve aux Œuvres de l'Auteur.

.

www.ingramcontent.com/pod-product-compliance
Lightning Source LLC
LaVergne TN
LVHW022139080426
835511LV00007B/1168